Unter den Sachsen lass den
Bauch dir wachsen.
Volksmund

Sachsen
kulinarisch

BuchVerlag
für die Frau

ISBN 978-3-89798-061-7

7. Auflage 2009

Rezepte: Oda Tietz
Fotos:
CMA (S. 15, 47, 51)
Uwe Hämsch (S. 71, 75, 79, 81,
85, 93, 95, 101, 103, 107, 111, 119)
Harald Lange (S. 2, 23, 67)
Lore Jacobi (S. 27, 35)
Christiane Trabert (S. 21, 61)
Brigitte Weibrecht (S. 31, 39, 57, 63, 99)
Einband: Lore Jacobi, Jesewitz
Druck: Klingenberg Buchkunst
Leipzig
Bindearbeiten: Müller Buchbinderei
GmbH Leipzig

Printed in Germany
www.buchverlag-fuer-die-frau.de

Inhalt

Vorwort

Vielseitig, wohlschmeckend, gehaltvoll – so kennt und schätzt man die sächsische Küche, die sich aus den Vorlieben vieler verschiedener Regionen zusammensetzt: Dresden, Elbtal, Oberlausitz, Zittauer Gebirge, Erzgebirge, Vogtland, Leipzig und Leipziger Land.

Kriegs- und Notzeiten, ohne die in Sachsen kein Menschenalter verging, und die Tugend der Sachsen zur Sparsamkeit sind prägend für die kulinarischen Traditionen. Doch Not macht bekanntlich erfinderisch, wie die aus selbst erzeugtem Obst und Gemüse, wohlschmeckenden Waldfrüchten, aus Kleintierhaltung oder preiswerten Grundnahrungsmitteln wie Kartoffeln, Mehl, Milch, Brot und Leinöl kreierten Gerichte zeigen. Und so ist die sächsische Küche zwar einfach, aber ungeachtet der beschränkten Mittel sehr schmackhaft, sättigend und abwechslungsreich. Allein für die Zubereitung von Kartoffelpuffern gibt es unzählige regionale Varianten.

Trotz aller Sparsamkeit – wenn es um Süßes geht, schlagen die Sachsen über die Stränge. Ein

Sonn- oder Feiertag ohne die gemütliche Kaffeestunde ist unvorstellbar. Ob Leipziger Lerchen, Dresdner Eierschecke, Oberlausitzer Eierlikörkuchen oder Meißner Quarktorte – was zu diesen Gelegenheiten auf den Tisch kommt, lässt nicht nur das süße Sachsenherz höher schlagen und manchen Gast eine Übersiedlung nach "Kaffeesachsen" in Erwägung ziehen...

Wir wünschen Ihnen köstlichen Genuss beim Ausprobieren der süßen und deftigen sächsischen Gaumenfreuden.

Suppen & Eintopfe

Leipziger Biersuppe

125 g Zucker, 1 Stück Zimtrinde,
125 g Semmelbrösel,
1 l Radeberger Pilsner,
1 Glas Apfelwein,
4 EL Schlagsahne

Zucker und Zimtrinde in ¼ l Wasser zum Kochen bringen und 5 Minuten köcheln. Zimtrinde herausnehmen. Unter Rühren Semmelbrösel zufügen, Bier und Wein angießen. Erhitzen, aber nicht aufkochen. Auf vorgewärmte Teller geben, in die Mitte jeweils einen Sahneklecks. Dazu schmecken Fettbemmen.

Bornaer Zwiebelsuppe

500 g geschälte Kartoffeln, 1 ½ l Fleischbrühe, 1 TL Kümmel, 1 TL Salz, 30 g Speck, 400 g Zwiebeln, 50 g Margarine, 10 g Mehl, ¼ l saure Sahne, 2 Äpfel, 2 EL Meerrettich

Kartoffelwürfel in der Brühe mit Kümmel und Salz 15 Minuten kochen. Speckwürfel und Zwiebelscheiben in Fett 10 Minuten dünsten. Mit Mehl bestreuen, zur Suppe geben, verrühren. 5-10 Minuten ziehen lassen. Äpfel entkernen, reiben, mit Meerrettich und Salz in die Sahne rühren, Suppe damit abschmecken.

Feine Fischsuppe

(für 6 Personen)

Brühe:

2 Bd. Suppengrün, 1 Karpfen (ca. 1,2 kg), 1 Lorbeerblatt, Salz, Pfeffer, 4 Pimentkörner

Fischklößchen:

250 g Karpfenfilet, 100 ml Milch, 1 Brötchen, 2 Eier, 1 Eigelb, Salz, Pfeffer, Abrieb einer Zitrone, 30 g Butterschmalz, 2 TL gehackter Thymian

außerdem:

70 g Butterschmalz, 40 g Mehl, 150 g süße Sahne, 1 Bd. glatte Petersilie

Für die Brühe ein Bund Suppengrün würfeln, das zweite in feine Streifen schneiden und beiseite stellen. Den sauberen Karpfen filetieren. Kopf, Schwanz, Gräten, das gewürfelte Suppengrün und Gewürze in zwei Liter Wasser zum Kochen bringen und 20 Minuten köcheln lassen. Beiseite stellen. Brötchen in der Milch einweichen, Butterschmalz zerlassen. Für die Fischklößchen das Karpfenfilet pürieren und das ausgedrückte Brötchen, Eier, Eigelb, Salz, Pfeffer, Zitronenschale damit vermischen, durch ein Sieb gießen. Mit zwei Teelöffeln kleine Klößchen von der

Masse abstechen, in der heißen Fischbrühe garziehen lassen, bis sie an der Oberfläche schwimmen. 30 g Butterschmalz in einer Pfanne erhitzen. Klößchen aus der Brühe nehmen und im heißen Butterschmalz ringsherum goldgelb braten.

40 g Butterschmalz in einem Topf schmelzen, Mehl einrühren und unter ständigem Rühren leicht anschwitzen. Mit der Fischbrühe ablöschen. Das in feine Streifen geschnittene Suppengemüse zugeben, 5 Minuten köcheln lassen. Sahne und gehackte Petersilie zufügen, nochmals aufkochen lassen. Mit

Salz und Pfeffer abschmecken. Klößchen in die Suppe geben und sofort servieren.

Kräutersuppe

1 Zwiebel, 25 g Kerbel,
2 Zweige Minze,
½ Bund Petersilie,
1 Zweig Majoran,
125 g frischer Spinat,
2 EL Butter, 1 EL Mehl,
1 l Fleischbrühe,
Pfeffer, Salz,
⅛ l Sahne, 1 Eigelb

Zwiebel fein würfeln, Kräuter kleinschneiden, Spinat verlesen. Butter erhitzen, Zwiebel darin anschwitzen. Kräuter und Spinat zugeben, 5 Minuten dünsten. Mehl darüber stäuben, etwas Brühe angießen, alles pürieren. Die restliche Brühe zugießen, mit Salz und Pfeffer würzen, noch 10 Minuten köcheln lassen. Sahne einrühren, vom Herd nehmen, mit verquirltem Eigelb die Suppe legieren.

Weißkohleintopf

750 g Weißkohl, 2 Zwiebeln,
Salz, Pfeffer, 1 l Fleischbrühe,
50 g Butter, 1/8 l Weißwein,
2 EL Essig-Essenz,
1 Msp. gemahlene Nelke,
1 Msp. Muskatblüte, 2 EL Zucker

Geputzten, kleingeschnittenen Kohl, Zwiebelwürfel, Brühe, Salz, Pfeffer und Butter in einem Topf zum Kochen bringen, 20 Minuten köcheln. Weißwein, Essig-Essenz, übrige Gewürze und Zucker unterrühren. Zugedeckt 10 Minuten garen. Auf vorgewärmte Teller verteilen, Schwarzbrot dazu reichen.

Sächsische Gemüsesuppe

500 g Rindfleisch, Salz,
1 Zwiebel, 1 Suppengrün,
2 Möhren, 1/2 Sellerieknolle,
2 Stangen Porree,
250 g Wirsing (je nach Jahreszeit auch anderes Gemüse),
500 g Kartoffeln,
Pfeffer, Muskat

Suppenfleisch waschen, in siedendes Salzwasser geben, aufkochen lassen. Herausnehmen und in kaltem Wasser erneut ansetzen, bissfest garziehen, herausnehmen, in Würfel schneiden, wieder in die Suppe geben. Nun das geputzte, gewaschene

Gemüse und die geschälten, in kleine Würfel geschnittenen Kartoffeln mit der Zwiebel und dem vorbereiteten Suppengrün dazugeben und bei mäßiger Hitze garkochen. Mit Pfeffer und Muskat abschmecken. Mit gehackter, frischer Petersilie bestreuen.

Gräupchen

200 g Gräupchen, 125 g durchwachsener Speck, 1 Zwiebel, 1 Stange Lauch, 20 g Butterschmalz, Salz, Pfeffer, 1 TL Majoran, ½ l Fleischbrühe, 2 EL gehackte Kräuter

Gräupchen über Nacht in 1 l Wasser weichen. Am Kochtag Lauchringe, Speck- und Zwiebelwürfel im erhitzten Butterschmalz anschwitzen. Graupen samt Einweichwasser zugeben, mit Salz, Pfeffer und Majoran würzen, Brühe angießen. Gut 1 Stunde garen, mit den Kräutern bestreuen.

Gemüsegerichte & Beilagen

Lausitzer Kürbisschnitzel

8 Scheiben Kürbis zu je 100 g,
Salz, Pfeffer, 3 EL Mehl,
1 geschlagenes Ei,
5 EL Semmelmehl,
75 g Schmalz

Den sauberen, in fingerdicke Scheiben geschnittenen Kürbis mit Salz und Pfeffer würzen. Einige Minuten ziehen lassen. Die Kürbisscheiben in Mehl wenden, durch verquirltes Ei ziehen und mit Semmelmehl panieren. Im erhitzten Schmalz goldgelb braten.

Möhrenpfanne

125 g durchwachsener Speck
250 g Zwiebeln, 500 g junge Möhren, 1/8 l Brühe (Würfel), 1 EL Zitronensaft, Salz, 1 EL Zucker, Petersilie

Speckwürfel auslassen. Zwiebeln schälen, vierteln und mitdünsten. Die Möhren putzen, in Stücke schneiden und mit der Brühe in eine Pfanne geben. Bei geschlossenem Deckel ca. 20 Minuten garen. Mit Zitronensaft, Salz und Zucker würzen. Mit gehackter Petersilie bestreuen, zu Salzkartoffeln und Hacksteak servieren.

Überbackener Blumenkohl

1 Blumenkohl (0,75-1 kg),
1 EL Butter, 2 Eigelb,
1 EL Mehl,
¼ l Gemüsewasser, Muskat,
50 g Reibekäse,
1 EL Semmelmehl, 50 g Butter

Blumenkohl 4-5 Minuten in Salzwasser kochen. Weiche Butter in einem kleinen Topf mit den Eigelben verrühren, auf die Herdplatte stellen, langsam das Gemüsewasser unterrühren, bis es dicklich wird (nicht kochen). Blumenkohlröschen gut abgetropft in eine gefettete Auflaufform schichten. Die Sauce mit

Muskat abgeschmeckt darüber geben. Käse mit Semmelmehl mischen, darüber streuen. Zuletzt zerlassene Butter über den Auflauf geben. Im heißen Ofen in 15-20 Minuten bei 150-175 °C dunkelgelb backen. Dieses sättigende Gemüsegericht braucht keine Beilage.

Gefüllte Paprikaschoten

8 gelbe Paprika,
100 g Reis,
500 g Hackfleisch,
2 Zwiebeln,
100 g Schweineschmalz,
Petersilie, 1-2 Eier, Salz,
Pfeffer, Majoran
Tomatensauce:
1 kg Tomaten,
einige zarte Sellerieblätter,
1 Zwiebel,
50 g Mehl,
30 g Schweineschmalz,
300 ml Knochenbrühe,
Salz, Zucker

Von den gewaschenen Paprikaschoten Kerngehäuse und Adern entfernen. Den Reis halbweich kochen und erkalten lassen. Hackfleisch, Reis, feingehackte und im Fett geröstete Zwiebeln, feingewiegte Petersilie und Ei verkneten, mit Salz, Pfeffer, Majoran abschmecken und diese Masse in die Paprikafrüchte füllen.

Inzwischen eine Tomatensauce bereiten. Dafür die gewaschenen Tomaten in Stücke schneiden und mit Selleriegrün, Zwiebel und ganz wenig Wasser zum Kochen ansetzen. Öfter umrühren und so lange kochen, bis ein

Brei entsteht. Selleriegrün und Zwiebel entfernen, den Brei durch ein Sieb streichen. Aus Mehl und Fett eine Schwitze bereiten, mit der Tomatenmasse verrühren und mit Brühe auffüllen. Mit Salz und Zucker abschmecken. In dieser Sauce die Paprikaschoten garen. Mit Salzkartoffeln oder Baguette servieren.

Dickes Porreegemüse

400 g geputzter Porree,
¼ l Wasser, 1 geh. TL Salz,
1 TL Zucker,
2 TL Zitronensaft,
2 geh. TL Schmand,
1 Eigelb,
2 geh. TL Butter,
1 geh. TL Mehl

Porree in 5 cm dicke Stücke schneiden, in kochendem Wasser mit Salz, Zucker, und Zitronensaft gewürzt in 15-20 Minuten weich kochen. 1 Tasse Kochwasser aufheben, Rest abgießen. Schmand mit Eigelb, Butter, Mehl und Kochwasser verquirlen, auf der heißen Herdplatte dickrühren. Sauce über den Porree geben. Schmeckt zu Kartoffeln und Kurzgebratenem.

Kartoffelklöße

1,5 kg Kartoffeln,
125 g Mehl, 2 Eier, Salz,
50 g geröstete Semmelwürfel

Die Hälfte der Kartoffeln als Pellkartoffeln kochen, pellen, noch heiß durchpressen, abkühlen lassen. Übrige Kartoffeln schälen, reiben, durch ein Tuch auspressen. Die gekochte und die rohe Kartoffelmasse vermengen und mit Mehl, Eiern und Salz zu einem Teig kneten. Klöße formen, mit Semmelwürfeln füllen, in kochendes Salzwasser geben und ca. 20 Minuten gar ziehen lassen.

Quarkkeulchen

1 kg Pellkartoffeln,
100 g Rosinen,
500 g Quark,
150 g Mehl,
90 g Zucker, 2 Eier,
1 TL Salz, 1 TL Backpulver,
½ EL abgeriebene
Zitronenschale, Öl

Die gepellten Kartoffeln gut zerstampfen oder fein reiben. Die Rosinen überbrühen und ca. 5 Minuten quellen lassen. Den Kartoffelbrei durch ein Sieb mit Mehl bestäuben. Danach alle anderen Zutaten dazugeben und einen Teig kneten, zuletzt die

Rosinen zugeben. Den Teig zu zwei großen Rollen formen. Fingerdicke Scheiben schneiden und in heißem Öl goldgelb backen lassen. Mit etwas Zimt und Zucker bestreuen oder mit Apfelmus oder Kompott servieren.

Schmortomaten mit Schafskäse

500 g feste Tomaten,
4 EL Margarine oder Butter,
3 Zwiebeln,
200 g Schafskäse,
1 Ei, Pfeffer,
4 EL gehackte Petersilie,
Salz, 1/8 l saure Sahne

Von den Tomaten jeweils ein Deckelchen abschneiden. Das Unterteil mit einem kleinen Löffel aushöhlen, umdrehen und etwas trocknen lassen. Mit dem Ausgehöhlten, 2 EL Margarine und den kleingehackten Zwiebeln eine Tomatensauce bereiten, durch ein Sieb streichen. Den Schafskäse mit einer Gabel zerdrücken und mit dem geschlagenen Ei, etwas Pfeffer und 1 EL gehackter Petersilie verrühren. Diese Masse in die Tomaten füllen, alles in eine gefettete Auflaufform setzen, obenauf kleine Margarineflöckchen verteilen und die mit Salz abgeschmeckte Tomatensauce darüber gießen. Bei Mittelhitze in der heißen Röhre überbacken. Die Tomaten dürfen dabei nicht zerfallen. Vor dem Servieren die Sauce mit saurer Sahne verrühren und die Tomaten mit gehackter Petersilie bestreuen. Dazu Röstkartoffeln.

Hauptgerichte

Heringe vom Rost

4 grüne Heringe, Zitronensaft, 125 ml Milch, 100 g Weißbrot, 1 Ei, 2 EL Tomatenketchup, 2 EL Butter, Salz, Öl

Küchenfertige Heringe innen und außen säuern, kurze Zeit einziehen lassen. Das in der heißen Milch eingeweichte Brot nach dem Abkühlen mit Ei, Ketchup und Butter verarbeiten, evtl. nachwürzen. Dann die Heringe leicht salzen, mit der Weißbrotmasse füllen und zustecken. Mit Öl bepinselt von beiden Seiten grillen. Dazu Kartoffelpüree.

Marinierter Hering

8 Matjesfilets, ½ l Milch,
½ l saure Sahne,
2 EL Mayonnaise, 1 TL Zucker,
Pfeffer, 100 ml Weinessig,
je 2 Zwiebeln, Gewürzgurken
und Äpfel

Matjesfilets 2 Stunden in Milch einlegen. Inzwischen für die Sauce Sahne, Mayonnaise, Zucker, Pfeffer und Essig verrühren. Zwiebel in feine Ringe, Gurken und Äpfel (ohne Kerngehäuse) in Scheiben schneiden, mit der Sahne vermengen. Abgetropfte Heringe in die Sauce legen, zugedeckt über Nacht ziehen lassen. Dazu Petersilienkartoffeln oder Schwarzbrot und ein kühles Radeberger.

Gebackene Karpfenschnitte

1 Karpfen (1,5 kg), Salz, Pfeffer, 400 g Zwiebeln, 150 g Butter, 1/4 l saure Sahne, 150 g Semmelmehl, Zitrone, Petersilie

Küchenfertigen Karpfen portionieren, leicht mit Salz und Pfeffer würzen. Zwiebeln in Scheiben schneiden und in einer mit

Butter ausgestrichenen Pfanne verteilen. Die Karpfenportionen nebeneinander legen und mit der sauren Sahne überziehen, mit Semmelmehl bestreuen und Butterflöckchen aufsetzen. Das Gericht in die vorgeheizte Röhre schieben und von beiden Seiten etwa 30 Minuten backen. Mit Zitrone und Petersilie garnieren. Dazu Schwenkkartoffeln oder Kartoffelsalat servieren.

Salzheringsfilets mit Apfelmayonnaise

8 große Salzheringsfilets,
2 große Zwiebeln,
125 g Mayonnaise,
150 g Joghurt,
Zitronensaft, Salz, Pfeffer,
8 Gewürzgurken,
1 Röhrchen Kapern,
2 rote Äpfel

Heringsfilets ½ Stunde wässern, abtrocknen, auf einer Platte anrichten, mit Zwiebelringen garnieren. Mayonnaise mit Joghurt und Zitronensaft verrühren, salzen, pfeffern und die in Scheibchen geschnittenen Gewürzgurken darunter mischen. Einige Gurkenscheiben zum Garnieren zurücklassen. Abgetropfte Kapern und Apfelscheiben in die Sauce geben. Einige Kapern und Apfelschnitzel zum Garnieren zurücklassen. Apfelmayonnaise in eine Schüssel füllen, mit Gurkenscheiben, Kapern und Apfelschnitzen garnieren, mit Pellkartoffeln komplettieren.

Gebratene Forellen mit Gemüse-Kräuter-Füllung

4 kleine Forellen à 300 g,
2 Eier, 40 g Mehl,
50 g Semmelbrösel,
25 g Haselnussblättchen,
60 g Butterschmalz, Salz, Pfeffer

Füllung:

100 g Möhren, 100 g Porree,
150 g Doppelrahmfrischkäse,
50 g Haselnussblättchen,
2 Bund Dill, Salz, Pfeffer

Möhren und Porree in feine Streifen schneiden. Frischkäse mit Nussblättchen, dem Gemüse, Salz, Pfeffer und gehacktem Dill verrühren. Die Forellen

waschen und von innen und außen mit Salz und Pfeffer würzen. Mit der Käse-Kräuter-Masse füllen. Verquirlte Eier mit Salz würzen, die Semmelbrösel mit den Haselnussblättchen mischen. In einer großen Pfanne das Butterschmalz erhitzen. Die Forellen nacheinander in Mehl, Ei und Semmelbröseln wenden (Panade gut festdrücken) und im heißen Butterschmalz knusprig goldbraun braten. Mit Dillblüten garnieren und zu in heißem Butterschmalz geschwenkten Petersilienkartoffeln servieren.

Schmorbraten in Morchelrahm

30 g getrocknete Morcheln, 2 Zwiebeln, 1,5 kg Rindfleisch aus der Keule, Salz, Pfeffer, 4 TL getrockneter Rosmarin, 40 g Butterschmalz, je 1/8 l Rotwein, Brühe und Sahne

Morcheln in 1/4 l warmem Wasser einweichen. Die Zwiebeln fein hacken. Fleisch mit Salz und Pfeffer einreiben, mit Rosmarin spicken. Fleisch im erhitzten Schmalz anbraten, Zwiebeln dazu, Rotwein angießen. Morcheln samt Wasser dazu, Fleischbrühe zugeben, 60 Minuten mitgaren. Fleisch herausnehmen, warm stellen. Sahne zum Fond geben. Sauce etwas einkochen. Fleisch in Scheiben schneiden, auf vorgewärmte Teller geben. Etwas Sauce angießen, mit Salzkartoffeln servieren.

Gegrillte Lammkoteletts

4 Schalotten,
2 Knoblauchzehen,
4 Zweige Salbei,
8 Lammkoteletts,
Salz, Pfeffer, 100 ml Öl

Schalotten und Knoblauch schälen, halbieren. Salbeiblättchen abzupfen. Koteletts in eine Schüssel geben. Schalotten, Knoblauch, Gewürze und Öl darüber geben, abdecken und 1-2 Tage durchziehen lassen. Dann auf dem Grill beidseitig je 5 Minuten rösten. Dazu Kartoffeln und Porreegemüse (siehe Beilagen).

Kalbsrouladen

500 g Blattspinat,
4 Kalbsschnitzel à 200 g,
Salz, Pfeffer,
2 TL Senf,
30 g Butterschmalz,
¼ l Fleischbrühe,
100 ml Sahne, 1 EL Mehl

Vorbereiteten Spinat in reichlich Salzwasser 2 Minuten blanchieren, abschrecken, abtropfen lassen. Spinat und die Schnitzel mit Salz und Pfeffer würzen. Schnitzel mit Senf bestreichen, darüber den Spinat legen, zu Rouladen rollen, mit Küchengarn befesti-

gen. Rouladen im erhitzten Schmalz ringsum anbraten, Brühe angießen, alles zum Kochen bringen, 20 Minuten köcheln. Rouladen herausnehmen, warm stellen. Sahne zum Bratenfond geben. Mehl in wenig kaltem Wasser anrühren, die Sauce damit binden. Rouladen mit Sauce zu Klößen servieren.

Sächsische Krautwickel

1 Weißkrautkopf,
1 große Zwiebel,
1 Knoblauchzehe, 1 EL Schmalz,
2 EL gekochter Reis, Pfeffer,
Salz, Majoran, Kümmel,
Paprika edelsüß, 1 Ei,
100 g Speck, 500 g Hackfleisch
(halb und halb), Mehl,
saure Sahne

Weißkraut in einzelne Blätter zerlegt in Salzwasser etwa 10 Minuten bei schwacher Hitze garen. Herausnehmen, in kaltes Wasser legen, abtropfen lassen. Zwiebelwürfel und die zerdrückte Knoblauchzehe im heißen

Schmalz dünsten. Nach dem Erkalten zusammen mit Reis, Gewürzen und Ei mit dem Hackfleisch gut vermischen. Die Hackmasse auf den Krautblättern verteilen und vom Stielansatz aus wickeln (dabei die Seiten nach innen schlagen). Schmortopf mit Schmalz ausstreichen, Rouladen hineinlegen und in der Bratröhre garen. Ab und zu etwas Flüssigkeit eingießen. Kurz vor dem Garwerden den in Scheiben geschnittenen Speck über die Rouladen legen und alles zu Ende garen. Sauce mit Mehl binden und mit etwas saurer Sahne verfeinern.

Rosmarinhähnchen

1 Brathähnchen,
Salz, Pfeffer,
1 Zitrone,
1 Zweig frischer Rosmarin,
Petersilie,
50 g Margarine,
¼ l Fleischbrühe

Das gewaschene Hähnchen trockentupfen, innen und außen mit Salz, Pfeffer und Zitronensaft einreiben. 1 Stängel Rosmarin und 1-2 Stängel Petersilie in das Hähnchen geben, ½ Stunde einwirken lassen. Die Margarine in einer Pfanne erhitzen und das

Hähnchen ringsum goldbraun anbraten. Die heiße Brühe angießen und die Pfanne in den auf 240 °C vorgeheizten Backofen schieben. Während der 40 Minuten Bratzeit das Hähnchen öfter mit der Sauce übergießen und wenden. Nach dem Braten das Hähnchen mit der Geflügelschere teilen. Dazu Kartoffelklöße und Rosenkohl.

Gespickter Schweinebraten

1,5 kg Schweinebraten mit Schwarte, 2 Nelken, 2 EL Senf, Salz, Pfeffer, 40 g Margarine, 1 Bund Suppengrün, 2 Zwiebeln, 2 EL Mehl, 3 EL Tomatenketchup

Wenn nötig, den Knochen vom Fleischer auslösen lassen. Schwarte in Karos ritzen. Zwischen die Einschnitte jeweils eine Nelke stecken. Den Braten rundherum mit Senf, Salz und Pfeffer einreiben. In der heißen Margarine ½ Stunde bei 250 °C braten. Das geputzte und kleingeschnittene Suppengrün, die geschälten Zwiebeln und etwa ¼ l kochendes Wasser zugeben. Noch etwa 2 Stunden bei 200 °C braten. Das Fleisch öfter begießen. Dann herausnehmen, in Alufolie einschlagen und wieder in den abgeschalteten Ofen legen. Bratensatz mit etwas Wasser loskochen, durch ein Sieb rühren und mit angerührtem Mehl binden. Mit Tomatenketchup, Salz und Pfeffer abschmecken. Das Fleisch wieder auspacken, in Scheiben schneiden und auf einer Platte anrichten. Als Beilage Salzkartoffeln.

Kuchen & Torten

Marmeladenrolle

4 Eier,
200 g Honig,
125 g Mehl,
1 Msp. Natron,
1 Päckchen Vanillezucker,
200 g Erdbeerkonfitüre,
100 g Staubzucker

Eier trennen, das Eiweiß zu steifem Schnee schlagen. Eigelb verrühren, flüssigen Honig hineinrühren. Mehl, Natron und Vanillezucker einarbeiten, zuletzt den Eischnee unterheben. Backblech fetten, mit Mehl bestäuben, den Teig darauf geben und im vorgeheizten Backofen bei 200 °C ca. 20 Minuten backen. Herausnehmen, auf ein bemehltes Brett legen, mit Konfitüre bestreichen, aufrollen und dick mit Staubzucker besieben.

Aardäppelkuchen aus dem Erzgebirge

1 kg mehlig kochende Kartoffeln,
½ TL Salz,
200 g Mehl,
250 g Butter,
3 Eier,
6 EL Zucker,
½ TL Zimt

Gekochte Kartoffeln pellen, durch eine Presse drücken. Salz, Mehl, 100 g Butter und die Eier zur Kartoffelmasse geben, alles gut verkneten. Den Teig auf einer bemehlten Fläche dünn ausrollen, auf ein gefettetes Blech geben, einen Rand hochziehen. 75 g Butter in Flöckchen auf dem Teig verteilen. Im vorgeheizten Ofen bei 200 °C ca. 20 Minuten backen. Herausnehmen, sofort mit der restlichen zerlassenen Butter bepinseln und mit Zimtzucker bestreuen.

Dresdner Eierschecke

Teig:

500 g Mehl, 30 g Hefe,
¼ l lauwarme Milch,
200 g Butter, 150 g Zucker,
1 Päckchen Vanillezucker,
1 kräftige Prise Salz

Belag:

150 g Butter, 300 g Zucker,
8 Eier, 1 kg Quark, 1 Päckchen
Puddingpulver Vanille-
geschmack, ½ TL abgeriebene
Zitronenschale, 1 Prise Salz,
2 EL geriebene Mandeln,
darunter 2 bittere,
1 EL Stärkemehl,
4 cl Weinbrand

Mehl in eine Schüssel sieben, in die Mitte eine Mulde drücken. Zerbröckelte Hefe in etwas lauwarmer Milch mit 1 TL Zucker verrührt in die Mulde geben. Etwas Mehl darüber streuen. Butter in Flöckchen, Restzucker, Vanillezucker und Salz auf den Mehlrand verteilen, alle Zutaten gut verkneten, dabei die übrige Milch zufügen. Teig schlagen, bis er glänzt. Zugedeckt am warmen Ort 1 Stunde gehen lassen. Teig zusammenschlagen, durchkneten. Ausgerollte Teigplatte auf ein gefettetes Blech legen, Rand andrücken. Für die Quarkmasse 100 g Butter schaumig schlagen, 200 g Zucker, 3 Eier, Quark, Puddingpulver, Zitronenschale, Salz und Mandeln unterrühren. Masse auf den Teig geben.

Für den Creme-Belag 5 Eier mit dem restlichen Zucker verschlagen, übrige Butter, Stärkemehl und Weinbrand unterrühren. Die Masse im Wasserbad schlagen, bis eine dickschaumige Creme entstanden ist, über die Quarkmasse ziehen. Im vorgeheizten Backofen bei 200 °C ca. 45 Minuten backen. Oberhitze reduzieren, damit die Creme nicht dunkel wird.

Vogtländischer Aschkuchen

250 g Mehl, 250 g Quark,
100 g Butter, 150 g Zucker,
1 Prise Salz, 2 Eier,
2 EL gehackte Haselnüsse,
2 gestrichene TL Backpulver,
50 g Butter, 125 g Staubzucker

Mehl und Quark getrennt passieren. Butter schaumig schlagen, Zucker, Salz, Eier, Nüsse, Mehl und Backpulver unterrühren. Backform fetten, mit Semmelbröseln ausstreuen, den Teig einfüllen. Im vorgeheizten Backofen bei 200 °C ca. 60 Minuten backen. Herausnehmen, auskühlen lassen. Vorsichtig stürzen, mit zerlassener Butter bepinseln und mit Staubzucker bestreuen.

Meißner Quarktorte ohne Boden

250 g Butter, 6 Eier,
300 g Zucker, 1 TL abgeriebene Zitronenschale,
3 EL Zitronensaft,
1 kg trockener Quark,
100 g Grieß,
1 EL Mehl,
1 Päckchen Backpulver,
1 kräftige Prise Salz,
125 g Staubzucker

200 g Butter schaumig schlagen, Eier trennen. Eigelb, Zucker, Zitronenschale und -saft zur Butter geben und gut verrühren. Den Quark mit Grieß, Mehl und Backpulver vermengen und zur Butter-Eier-Masse geben. Eiweiß mit Salz zu steifem Schnee schlagen und unter den Teig heben. Teig in eine gefettete Springform geben. Im vorgeheizten Ofen bei 180 °C 50-60 Minuten backen. Noch heiß mit der restlichen Butter bestreichen und mit Staubzucker besieben.

Leipziger Kaffeetorte

Teig:

100 g Butter, 4 Eier,
125 g Zucker, 6 EL frischer,
erkalteter, starker Bohnenkaffee,
1/8 l Milch, 200 g Mehl,
2 EL Stärkemehl,
2 gestrichene TL Backpulver

Füllung:

1/8 l Milch, 3 EL Puddingpulver
Schokogeschmack,
2 EL Zucker, 1 Päckchen
Vanillezucker, 50 g Butter,
1 Eigelb, 3 EL gehackte Nüsse

Glasur:

200 g Staubzucker,
2 EL Kakao, 1 EL Butter

Butter schaumig schlagen, Eier trennen. Eigelb, Zucker, Kaffee und Milch einrühren. Mehl, Stärkemehl und Backpulver vermischen, sieben, nach und nach unterrühren. Eiweiß zu steifem Schnee schlagen, unter den Teig heben. Teig in eine gefettete Backform füllen, im vorgeheizten Ofen bei 200 °C ca. 35 Minuten backen. Ausgekühlt quer durchschneiden.

Für die Füllung Puddingpulver mit wenig kaltem Wasser glattquirlen, in die erhitzte Milch rühren. Aufkochen, auskühlen lassen. Damit sich keine Haut bildet, ab und zu umrühren. But-

ter schaumig schlagen, Staubzucker, Eigelb und Vanillezucker zufügen, gut verrühren. Abgekühlten Pudding und die Nüsse einrühren. Die Torte füllen.
Staubzucker, 2 EL heißes Wasser, Kakao und weiche Butter zu einer Glasur verrühren und die Oberfläche und Seiten der Torte bestreichen.

Borsdorfer Apfeltorte

125 g Butter,
125 g Zucker,
4 Eier, 1/2 TL abgeriebene Zitronenschale,
200 g Mehl,
2 EL Stärkemehl,
2 gestrichene TL Backpulver,
4 EL kalte Milch,
750 g säuerliche Äpfel,
100 g Aprikosenmarmelade,
50 g Hagelzucker

Butter schaumig schlagen, den Zucker unterrühren. Eier trennen, Eigelb und Zitronenschale zur Buttermasse geben. Mehl,

Stärkemehl und Backpulver vermischt, gesiebt nach und nach zusammen mit der Milch einrühren. Eiweiß zu steifem Schnee geschlagen unter die Teigmasse heben. Teig in eine gefettete Springform füllen. Äpfel schälen, halbieren, etwas einschneiden und auf dem Teig verteilen. Im vorgeheizten Backofen 50-60 Minuten bei 200 °C backen. Noch warm mit Aprikosenmarmelade bestreichen und den Hagelzucker aufstreuen.

Oberlausitzer Eierlikörkuchen

4 Eier,
175 g Butter,
1/8 l Eierlikör,
300 g Mehl,
1 EL Pulver für Vanillepudding,
2 gestrichene TL Backpulver,
375 g Staubzucker

Eier trennen, 125 g Butter, Eigelb und Eierlikör schaumig schlagen. Das Mehl mit Puddingpulver und Backpulver vermischt, gesiebt nach und nach unter die Eiermasse rühren. 250 g Staubzucker ebenfalls einrühren. Eiweiß steif schlagen, unter den Teig heben. Den Teig in eine gefettete Springform füllen. Im vorgeheizten Ofen bei 200 °C ca. 60 Minuten backen. Herausnehmen, auskühlen lassen, mit dem Rest zerlassener Butter bepinseln und mit Staubzucker besieben.

Pikantes & süßes Gebäck

Saure-Sahne-Plätzchen

200 g weiche Butter,
125 g Zucker,
300 g Mehl,
¼ l saure Sahne,
4 Eigelb

Butter mit Zucker und Mehl verrühren, saure Sahne und 3 Eigelb untermengen. Teig 1 Stunde kalt stellen. Ausrollen, Kreise, Herzen und Monde ausstechen, auf ein gefettetes Blech geben, mit Eigelb bepinseln. 8-10 Minuten im vorgeheizten Ofen bei 200 °C backen.

Fettbemmen

250 g Speck, 250 g Zwiebeln,
500 g Schweinefett, 1 Apfel,
1 TL feingerebelter Majoran,
½ TL Pfeffer, Schwarzbrot

Speckwürfel ausbraten, Zwiebelwürfel zugeben, goldgelb braten. Fett zufügen. Apfel schälen, entkernen, feinwürfeln, 3 Minuten ins heiße Fett geben. Abgekühlt mit Majoran und Pfeffer würzen. Fett in einem Steinguttopf erstarren lassen, ab und zu umrühren, dass sich die Grieben gut verteilen. Brotscheiben mit Fett bestreichen, salzen.

Käseplätzchen

300 g Mehl,
½ Päckchen Backpulver,
150 g Butter, ½ TL Salz, 3 Eier,
150 g geriebener Käse

Mehl mit Backpulver vermischt in eine Schüssel sieben, Butterflöckchen, Salz und 1 Ei zugeben, alles verkneten, 1 Stunde in den Kühlschrank stellen. Teig auf einer bemehlten Fläche ausrollen, mit einem Glas Plätzchen ausstechen und auf ein gefettetes Blech legen. Mit verquirltem Ei bestreichen, mit Käse bestreuen und 10 Minuten im vorgeheizten Ofen bei 200 °C backen.

Speckkuchen

Teig:

500 g Mehl, 30 g Hefe,
1/4 l Milch, 50 g weiches Butterschmalz, 1/4 TL Salz, 1 Ei

Außerdem:

500 g Speck, 50 g Butterschmalz, 1/8 l saure Sahne, Salz,
4 Eier, 1 EL Stärkemehl,
2 EL Kümmel

Mehl in eine Schüssel sieben, eine Mulde in die Mitte drücken. Zerbröckelte Hefe in lauwarmer Milch verquirlen, hineingießen. Butterflöckchen und Salz auf dem Mehlrand verteilen, zugedeckt 1/2 Stunde gehen lassen.

Von der Mitte aus die Zutaten verkneten, dabei das Ei und die übrige Milch zugeben, zugedeckt noch 1 Stunde gehen lassen. Speckwürfel in Schmalz glasig braten. Sahne, Eier, $^1/_2$ TL Salz und Stärkemehl verrühren, im heißen Wasserbad solange schlagen, bis die Masse dicklich wird. Teig zusammenstoßen, verkneten, ausrollen, auf ein gefettetes Blech legen, Rand andrücken. Abgetropfte Speckwürfel über den Teig geben, Kümmel aufstreuen, Sahne-Ei-Mischung verteilen. Im vorgeheizten Ofen bei 200 °C backen.

Noch heiß verzehren.

Porreetorte

250 g Mehl,
100 g Butter,
1 TL Salz,
1 kg Porree,
1 TL Salz,
200 g Schinkenspeckwürfel,
3/4 l Schlagsahne,
4 Eier, frisch gemahlener
Pfeffer, 2 EL geriebener Käse

Mehl in eine Schüssel sieben. Butterflöckchen, Salz und 1/8 l Wasser zugeben, einen glatten Teig daraus bereiten. 1 Stunde in den Kühlschrank stellen. Porree putzen, in 1 cm dicke Ringe schneiden, in Salzwasser zum

Kochen bringen, 5 Minuten köcheln, herausnehmen, abtropfen lassen. Speckwürfel ausbraten. Sahne mit Eiern, 1 Prise Salz, Pfeffer und Käse verquirlen. Teig in eine gefettete Springform füllen, Rand hochziehen, Porree auf dem Teig verteilen, Speckwürfel und die Sahne darüber geben. Im vorgeheizten Ofen bei 200 °C 40 Minuten backen.

Schmeckt noch heiß am besten.

Ringelschwänzchen

50 g weiche Butter, 100 g Zucker,
1 kräftige Prise Salz, 2 Eier,
6 EL Weißwein (Riesling),
300 g Mehl,
1 TL gemahlener Ingwer,
Butterschmalz, Staubzucker

Butter mit Zucker, Salz und Ei verschlagen, Wein zufügen. Mehl und Ingwer einrühren. Teig auf einer bemehlten Fläche ausrollen, in 2 x 12 cm große Stücke schneiden. Jeden Teigstreifen über einen Qirlstiel drehen und sofort in das erhitzte Schmalz streifen. Goldbraun ausbacken. Dick mit Staubzucker besieben.

Mehl und Backpulver vermischt in eine Schüssel sieben, in die Mitte eine Mulde drücken. Den durchgedrückten Quark, Zucker, 1 Ei, Zitronenschale und Salz hineingeben. Alles zu einem glatten Teig verkneten. Zuletzt die Korinthen zufügen. Brötchen formen und auf ein gefettetes Backblech geben. Die Brötchen mit verquirltem Ei bestreichen und im vorgeheizten Ofen 30 Minuten bei 200 °C backen.

Leipziger Lerchen

Teig:

250 g Mehl, 1 Ei,
1 kräftige Prise Salz,
1 TL Weinbrand,
70 g Zucker,
125 g Butter

Mandelfüllung:

125 g Butter,
150 g Staubzucker,
1 Eigelb,
150 g geriebene Mandeln,
darunter 4 bittere,
75 g Mehl,
1 EL Stärkemehl,
4 Eiweiß,
250 g Aprikosenkonfitüre

Mehl in eine Schüssel sieben, eine Mulde eindrücken. Ei, Salz und Weinbrand hineingeben, Zucker darüber streuen. Butter in Flöckchen dazugeben, alles zu einem glatten Teig verarbeiten. 30 Minuten in den Kühlschrank stellen.

Inzwischen Butter in einer Schüssel schaumig schlagen, nach und nach Staubzucker, Eigelb, Mandeln, Mehl und Stärkemehl unterrühren, Eischnee unterheben. Runde Förmchen (6 cm Ø) fetten. Den Teig ½ cm dick ausrollen, Förmchen damit auslegen, einen Teigrest aufheben. Mit einer Gabel mehrmals in den Teig stechen, dass er keine Blasen wirft. Konfitüre darauf streichen und darüber etwas Mandelmasse geben. Obenauf über Kreuz jeweils zwei Teigstreifen legen. Im vorgeheizten Ofen bei 175 °C 20 Minuten backen. Dann die Törtchen stürzen und sofort umdrehen.

Ringtaler

Teig:

8 große Äpfel, 100 g Zucker, 4 EL Zitronensaft, 175 g Mehl, 3 EL Stärkemehl, 2 EL weiche Butter, 1 kräftige Prise Salz, 2 Eigelb, 1/4 l Milch, 6 EL Kaffeesahne, 2 Eiweiß

Außerdem:

Butterschmalz, Zimtzucker, 1/4 l gesüßte Schlagsahne

Kerngehäuse entfernen, Äpfel schälen, in 1 cm dicke Ringe schneiden, mit 2 EL Zucker bestreuen, mit Zitronensaft beträufeln. Alle übrigen Teigzutaten bis auf Eiweiß zu einem

ZUCK
HL

dickflüssigen Brei verrühren, 15 Minuten quellen lassen. Eiweiß zu Schnee schlagen, unter den Teig heben. Apfelringe durch den Teig ziehen und im erhitzten Schmalz auf beiden Seiten goldbraun ausbacken. Heiß mit Zimtzucker bestreut servieren. Sahne dazu reichen.

Quarkbrezeln

175 g weiche Butter,
50 g Zucker,
1 Päckchen Vanillezucker,
1 Prise Salz,
3 Eier,
250 g trockener Quark,
400 g Mehl,
1 Päckchen Backpulver,
125 g gehackte Mandeln

Butter, Zucker, Vanillezucker, Salz und 2 Eier schaumig schlagen. Den passierten Quark einarbeiten. Das Mehl mit Backpulver vermischt dazusieben. Alles gut verkneten und Brezeln formen.

Brezeln mit dem verschlagenen Ei bestreichen, mit gehackten Mandeln bestreuen, auf ein gefettetes Blech geben und bei 200 °C 15-20 Minuten backen.

Kaffee & Likör

Kaffeepunsch

3/4 l starker, gebrühter Filterkaffee, 1 Zimtstange, 2 EL Zucker, 1/4 l Schlagsahne, 1/8 l Weinbrand, 1 EL abgeriebene Orangenschale, 1 EL Schokostreusel

Zimtstange und Zucker in den heißen Kaffee geben. Warm stellen. Sahne steif schlagen. Weinbrand auf vier Gläser verteilen, den heißen Kaffee darüber gießen. Obenauf jeweils einen Sahneklecks setzen, mit Orangenschale dekorieren, mit Schokostreuseln bestreuen.

Schokokaffee

100 g bittere Schokolade,
¼ l Schlagsahne,
4 Tassen starker schwarzer Filterkaffee,
4 TL Zucker

Schokolade zerkleinern, in ⅛ l Schlagsahne erhitzen. So lange rühren, bis sich die Schokolade aufgelöst hat. Heißen Kaffee angießen. In vier vorgewärmte Tassen je 1 TL Zucker geben, Kaffee aufgießen. Restliche Sahne steif schlagen. Je Tasse ein Sahnehäubchen aufsetzen. Dieser Kaffee ist nur mit Rosenlikör komplett.

Rosenlikör

200 g stark duftende Rosenblütenblätter, 150 g Zucker, 3/8 l Korn, 5 cl Weinbrand

Stielansätze von den frisch gepflückten Blättern entfernen. Die Blätter in eine Porzellanschüssel geben, mit 1/4 l kochendem Wasser übergießen, so dass sie knapp bedeckt sind. Zugedeckt 12 Stunden ziehen lassen. Das Rosenwasser in einen Topf seihen, Zucker zufügen. Unter ständigem Rühren erhitzen, Topf vom Feuer nehmen, erkalten lassen. Korn und Weinbrand einrüh-

Original

ren. Likör in Flaschen abfüllen, gut verschlossen 4 Wochen kühl und trocken lagern.

Mokkalikör

120 g fein gemahlener Kaffee,
300 g Zucker,
1 l Weinbrand

Kaffee und Zucker vermischen und mit ½ l kaltem Wasser zum Kochen bringen. Kurz aufkochen, auskühlen lassen. Weinbrand zugießen. In Flaschen füllen und gut verschließen. Nach einer Woche kann gekostet werden.

Gewürzkaffee

10 TL gemahlener Bohnenkaffee, 1/2 Zimtstange, 4 Gewürznelken, 1/4 l Schlagsahne, 50 g Zucker, 4 EL Weinbrand, Schokostreusel

Kaffee, Nelken, Zimt mit 4 Tassen kochendem Wasser überbrühen. Zugedeckt 5 Minuten ziehen lassen. Sahne mit 1 EL Zucker steif schlagen. Kaffee durch ein Sieb gießen, restlichen Zucker einrühren. Je 1 TL Weinbrand in vorgewärmte Tassen geben, mit Kaffee auffüllen. Sahnehäubchen mit Schokostreuseln obenauf setzen.

Türkentrunk

½ TL kleingeschnittener kandierter Ingwer, 4 EL gemahlener Bohnenkaffee, 2 EL Honig, ⅛ l Schlagsahne, Schokostreusel

Ingwer in ½ l Wasser zum Kochen bringen, 3 Minuten köcheln lassen. Durch ein Sieb gießen. Aus Ingwerwasser und gemahlenem Kaffee einen Filterkaffee bereiten. Honig einrühren. In vorgewärmte Tassen füllen. Steif geschlagene Sahne als Häubchen auf den Kaffee setzen, mit Schokoraspeln bestreuen.

Rezeptverzeichnis

Aus dem lieferbaren Mini-Angebot

Kochbüchlein

Alles vom Ei • Apfelbüchlein
Aronia • Beerenbüchlein
Berlin & Mark Brandenburg kulinarisch
Bierbüchlein • Braten-Rezepte
Champignon & Co. • Drinks
Essen von der Wiese • Gemüseraritäten
Grillbüchlein • Heißer Bischof – kalter Hund
Holunderrezepte • Honig – gesunder Genuss
Jüdische Feste, Geschichte(n) & Gerichte
Kaffeebüchlein • Käsebüchlein
Kleines Kartoffelbuch • Kürbis-Büchlein
Marmelade & Gelee
Mecklenburg-Vorpommern kulinarisch
Multitalent Zwiebel • Neues Nudelbüchlein
Obstexoten • Pfefferkuchenbäckerei
Pommern kulinarisch • Sachsen kulinarisch
Sachsen-Anhalt kulinarisch
Sanddorn-Rezepte • Saucen-Rezepte
Schlesisches Kochbüchlein
Schokoladenbüchlein • Senfbüchlein
Sektbüchlein • Spargel-Rezepte
Süße Verführung: Komet-Geschichte(n)
Thüringen kulinarisch • Whiskybüchlein
Wild-Rezepte

Naturbüchlein

Heilkräuterbüchlein • Mythos Ginkgo (auch in engl.) • Kamelienbüchlein Katzenbüchlein • Kleine Naturapotheke Kleine Pilzkunde • Küchenkräuter Meerschweinchen-Büchlein Pferdebüchlein • Wildobst

Literarisches

Das kleine Bach-Büchlein (auch in engl.) Wilhelm Busch • Engel unterwegs • Faust-Zitate Frauen-Weisheit • Fürst Pückler Geliebte Sisi (auch in engl.) Glanz des Schönen Goethe-Zitate • Heine-Zitate Ich hab dich so lieb • Das kleine Kamasutra Kinder sind die besten Philosophen Lotter-Wirtschaft • Martin Luther Rosa Luxemburg Märchenkönig Ludwig II. (auch in engl.) Karl May • Claude Monet Wolfgang Amadeus Mozart (auch in engl.) Nietzsche-Zitate • Philosophinnen-Sprüche Rainer Maria Rilke • Joachim Ringelnatz Schiller-Zitate • Clara & Robert Schumann Shakespeare-Zitate • Theodor Storm Der Vogelkopp • Lene Voigt. Weibergespräche Weisheiten der Welt • Heinrich Zille

Stadt und Land

Auf der Saale-Unstrut-Weinstraße
Auf der Sächsischen Burgen- und Schlösserstraße
Auf der Sächsischen Weinstraße
Berlin für die Westentasche
Burgen und Schlösser im Erzgebirge
Dresden für die Westentasche (auch in engl.)
Erfurt für die Westentasche
Halle für die Westentasche
Leipzig für die Westentasche (auch in engl.)
Magdeburg für die Westentasche
Markkleeberg für die Westentasche
München für die Westentasche
Parks & Gärten in Sachsen-Anhalt
Potsdam für die Westentasche
Weimar für die Westentasche

Der besondere Band

Damen gewinnen!
Erzgebirgisches Weihnachtsbüchlein
Fußball-ABC
Gut beraten, froh gestimmt. Haushaltstipps
Heilende Steine • Sandmännchen-Büchlein
Wetter- & Bauernregelbüchlein